Pour Alan et Barbara Hannah,
pour Jeremy et Kathryn

Traduit de l'anglais
par Stéphane Carn

Maquette : Lightmotif

ISBN : 978-2-07-057347-9
Titre original : *Akimbo and the Elephants*
Édition originale publiée par Egmont Books Ltd, Londres

N° d'édition : 286413
Loi n° 49-956 du 16 juillet 1949 sur les publications destinées à la jeunesse
Premier dépôt légal : avril 2006
Dépôt légal : février 2015
Imprimé en Espagne par Novoprint (Barcelone)

Alexander McCall Smith

Akimbo et les éléphants

illustré par Peter Bailey

GALLIMARD JEUNESSE

Le vœu d'Akimbo

Imagine que tu vives au cœur même de l'Afrique.

Ferme les yeux… Tu es dans une plaine, une immense étendue sauvage où l'herbe pousse à hauteur d'homme et même plus haut, où le soleil s'élève chaque matin au-dessus des grandes montagnes bleues, à l'horizon. Dans une savane où vivent des éléphants…

C'est là qu'habite Akimbo, à la lisière

d'une réserve naturelle, en Afrique. Un parc immense où les animaux sauvages peuvent vivre en paix. Dans les plaines, on voit paître de grands troupeaux de zèbres et d'antilopes ; dans les forêts et les rochers des collines, vivent des léopards et des babouins. Et, bien sûr, les grands éléphants, qui traversent lentement la brousse en s'ouvrant un chemin entre les arbres et les hautes herbes.

C'est dans cette réserve que travaille le père d'Akimbo. Tantôt il conduit les camions, tantôt il les répare, quand il n'est pas de service pour la permanence radio. Il y a toujours quelque chose à faire, dans le camp des rangers, les gardiens de la réserve.

De temps en temps, le père d'Akimbo emmène son fils en brousse. Et ces jours-là, pour le jeune garçon, c'est jour de fête. Il adore accompagner les gardes quand ils partent en tournée. Ils vont parfois réparer une clôture ou dépanner un camion – à moins que ce ne soit une simple expédition de routine dans la forêt, pour surveiller les animaux.

Et souvent, au cours de ces excursions, ils voient des choses passionnantes.

– Attention, regarde par là-bas… lui dit son père. Doucement, essaie de ne faire aucun bruit.

Alors Akimbo se tait et se contente de suivre le regard de son père, découvrant un animal sauvage en plein festin, ou allongé pour la sieste, ou encore à l'affût, guettant sa proie.

Un jour, tandis qu'ils marchaient ensemble dans la forêt, le père d'Akimbo lui prit le bras et, à voix basse, lui dit de ne plus bouger.

– Qu'est-ce qu'il y a ? murmura Akimbo, aussi bas qu'il le put.

– Nous allons rebrousser chemin... Viens, on retourne d'où on est venus.

Akimbo avait déjà reculé de quelques pas, quand il comprit ce que son père avait vu. Dans une clairière, à quelques dizaines de mètres de l'endroit où ils se trouvaient, il apercevait deux magnifiques léopards. L'un d'eux avait senti qu'il se passait quelque chose d'anormal et avait déjà bondi sur ses pattes en humant l'air. L'autre continuait à se prélasser avec insouciance.

Heureusement, le vent était favorable à Akimbo et à son père, sinon il aurait apporté leur odeur aux deux fauves, qui auraient immédiatement détecté leur présence. Et en ce cas, leur vie aurait été en danger.

– On a vraiment eu de la chance ! dit le père d'Akimbo, une fois qu'ils furent en sécurité dans le camion. Je préfère ne pas penser à ce qui aurait pu nous arriver, si je ne les avais pas vus à temps…

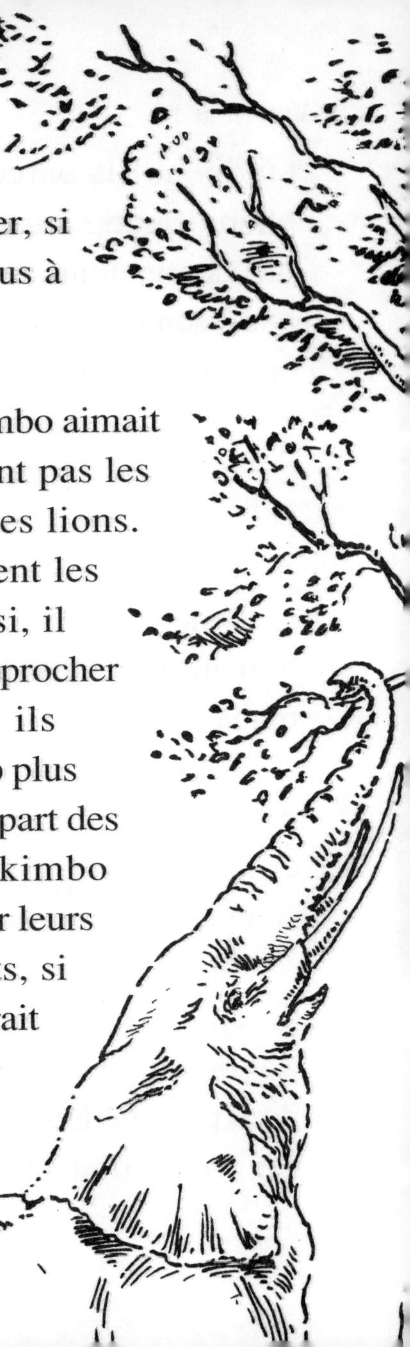

Mais ceux qu'Akimbo aimait observer, ce n'étaient pas les léopards ni même les lions. Ses préférés, c'étaient les éléphants. Eux aussi, il fallait éviter de les approcher de trop près, mais ils semblaient beaucoup plus pacifiques que la plupart des autres animaux. Akimbo aimait voir s'ébranler leurs silhouettes de géants, si majestueuses. Il adorait voir leurs trompes se balancer, tandis qu'ils parcouraient les grandes plaines, entre les bouquets d'arbres. Et par-dessus tout, il aimait entendre leurs barrissements, lorsqu'ils poussaient leur cri bref, aussi drôle et aussi surprenant que le son d'une trompette bouchée.

Autrefois, il y avait d'importants troupeaux d'éléphants en Afrique, mais au fil des années, ils avaient été massacrés sans merci par les chasseurs. À présent, leur nombre diminuait de façon alarmante.

Akimbo ne comprenait pas ce qui pouvait pousser les chasseurs à tuer des éléphants. Il posa donc la question à son père.

– On les chasse pour prendre leurs défenses, répondit-il. Elles sont faites d'ivoire, une matière très précieuse, utilisée pour la décoration ou pour la fabrication de bijoux. Certaines personnes en font même collection. Ils aiment s'entourer de défenses d'éléphants sculptées, de bijoux ou de statuettes d'ivoire.

– Mais c'est tellement cruel, de tuer des éléphants ! Je suis bien content que cela soit interdit.

Le père d'Akimbo garda un moment le silence.

– Tu sais, je crains que ça arrive encore, de temps en temps. Ici même, dans notre réserve, il y a toujours des gens qui chassent les éléphants.

– Et tu ne peux pas les en empêcher ? demanda Akimbo.

Son père secoua la tête.

– C'est très difficile. La réserve s'étend sur plus de cent cinquante kilomètres. Il est impossible de surveiller en permanence un territoire aussi vaste.

Akimbo garda le silence. La seule idée qu'on puisse tuer des éléphants pour voler leur ivoire le rendait fou de rage. Peut-être viendrait-il un jour où tous les éléphants d'Afrique auraient disparu. Il ne nous resterait plus d'eux que des photographies, et, hélas ! leur ivoire. Les parcs naturels seraient presque déserts et l'image des grands troupeaux d'éléphants paissant paisiblement dans la savane ne serait plus qu'un lointain souvenir.

« Ça, c'est ce qu'on va voir ! se dit Akimbo. Pas question de laisser ces malfaiteurs exterminer les éléphants ! »

CHAPITRE 2

Le grand éléphant

Quelques semaines plus tard, Akimbo se trouva à nouveau confronté au problème des braconniers.

– Nous devons aller contrôler un point d'eau, lui dit son père. Ça te plairait d'être de l'expédition ?

– Oh oui ! fit Akimbo, ravi de partir en balade.

– Attention, ça risque de secouer, l'avertit son père. Là où nous allons, il n'y a même pas de piste.

– Ça ne me fait pas peur. Je me cramponnerai à mon siège.

Le père d'Akimbo avait vu juste. Le voyage ne fut pas de tout repos. Dans la cabine du camion, surchauffée par le soleil de midi, l'atmosphère était presque irrespirable. Akimbo essuyait les gouttes de sueur qui lui ruisselaient sur le front et buvait de grandes gorgées d'eau, mais il supportait vaillamment la chaleur et ne s'en plaignit pas une seule fois.

Les rangers devaient rouler très lentement, à cause des cailloux et des ornières qui auraient pu endommager le camion, si les roues les avaient heurtés à trop grande vitesse. De temps à autre, ils passaient sur un petit rocher qu'ils n'avaient pas vu, et le bruit du raclement sur le fond du camion leur faisait faire la grimace. Heureusement, jusque-là, ils en avaient été quittes pour la peur et avaient pu continuer leur chemin sans encombre.

Pendant les heures les plus chaudes de la journée, aux alentours de midi, rares sont les animaux qui se risquent hors des buissons ou des bosquets ombragés. Akimbo aperçut tout de même un petit troupeau de zèbres qui détalèrent en soulevant un gros nuage de poussière, à l'approche du camion.

Et puis tout à coup, l'un des hommes qui étaient assis à l'arrière frappa du poing sur le toit et, d'un geste, attira leur attention sur la gauche. Le père d'Akimbo, qui était au volant, arrêta le véhicule.

– Qu'est-ce qu'il y a ? demanda-t-il.

– Des vautours ! s'écria l'homme, en se penchant vers la vitre de la cabine. Il y en a une sacrée bande.

Tous les regards se tournèrent dans la direction qu'indiquait le garde. Au début, Akimbo ne vit rien. Mais en levant un peu le nez, il aperçut à son tour une nuée d'oiseaux de proie qui tournoyaient dans l'air brûlant. Même d'aussi loin, il pouvait voir qu'ils étaient nombreux. Ils avaient dû tomber sur un énorme festin, pour s'être rassemblés en si grand nombre.

Le père d'Akimbo se tourna vers un autre garde.

– Qu'est-ce que tu en dis ? Une carcasse abandonnée par des lions ?

Le garde réfléchit un moment.

– C'est bien possible, dit-il d'un air préoccupé. Mais les vautours ont vraiment débarqué en force. Tu ne crois

pas qu'on devrait aller y jeter un coup d'œil ?

Le père d'Akimbo était bien de cet avis. Il prit donc sur la gauche, en direction de l'endroit que survolaient les rapaces. Après quelques minutes d'un parcours particulièrement cahoteux, ils mirent pied à terre, devant le triste spectacle qu'ils redoutaient tous de découvrir.

L'éléphante était allongée sur le flanc, à l'endroit même où elle avait été abattue. L'arrivée du camion avait mis en fuite toute une armée de vautours qui avaient pris leur envol, furieux d'être dérangés en plein repas.

Le père d'Akimbo était tout aussi furieux. Il avait sauté du camion et avait claqué sa portière d'un geste rageur, avant de rejoindre la carcasse à grandes enjambées.

Akimbo, lui, n'avait pas quitté son siège. Il avait du mal à supporter le spectacle. Il savait que l'éléphante avait été sacrifiée pour ses défenses.

Il préféra donc détourner la tête. Il avait fixé les yeux sur un bouquet d'arbres qui poussaient à proximité quand il sursauta. Il avait cru voir bouger quelque chose dans les fourrés. Un instant plus tard, il y eut d'autres mouvements, juste à côté. Des branches avaient remué.

Akimbo scruta les arbres dans l'espoir d'en voir davantage. C'était sûrement un animal, mais il restait à couvert, masqué par la végétation.

« Pourvu que ça ne soit pas un buffle », se dit le jeune garçon. Les buffles pouvaient être très dangereux.

Il vit d'autres branches s'agiter, et cette fois, il avait regardé au bon endroit et au bon moment. Il ouvrit en toute hâte la portière du camion, sauta à terre et rejoignit son père au grand galop.

– Regardez ! s'écria-t-il. Là-bas, regardez !

Juste au moment où les hommes se retournaient, un adorable bébé éléphant émergea des buissons et fit quelques pas avant de s'arrêter net, comme s'il hésitait sur la direction à prendre. La trompe levée, il semblait humer l'air. Puis il laissa retomber sa trompe, et Akimbo eut le temps de voir qu'il avait une déchirure à l'oreille droite.

– C'était son petit... murmura son père. Il est encore tout jeune.

Ils observèrent quelques minutes l'éléphanteau. Le petit orphelin était manifestement perturbé. Il voyait sa mère étendue à terre, inerte, et aurait bien voulu la rejoindre – mais son instinct lui dictait de se méfier des hommes.

– Et si on le ramenait au camp ? demanda Akimbo.

– Non, Akimbo, fit son père en secouant la tête. Le troupeau va revenir le chercher. Il faut le laisser ici, pour qu'une autre éléphante puisse le prendre sous sa protection.

– Mais il est si petit ! Pourquoi ne l'emmènerions-nous pas avec nous ? Au camp, je pourrais le nourrir, m'en occuper…

– Il va se débrouiller tout seul, fit le père d'Akimbo. Il vaut mieux ne pas s'en mêler.

Ils rejoignirent le camion. Là-bas, près des buissons, l'éléphanteau les regardait partir. Il avait reculé de quelques pas en entendant le vrombissement du moteur et quand le camion démarra, Akimbo le vit détaler et se réfugier sous les arbres.

– Au revoir, lui dit Akimbo à mi-voix. Et surtout, bonne chance !

Tandis que le camion rebroussait chemin, Akimbo jeta un dernier coup d'œil

en arrière. Les vautours qui avaient fui en altitude à l'arrivée des hommes commençaient déjà à redescendre, prêts à fondre sur leur proie.

CHAPITRE 3

Vol d'ivoire

Pendant les quelques jours qui suivirent, Akimbo ne put chasser de son esprit le souvenir du petit éléphant. Avait-il été secouru par une autre femelle du groupe ? Était-il mort abandonné ? Les braconniers avaient-ils fait deux victimes d'un coup, dans la guerre cruelle qu'ils menaient contre les éléphants ?

Son père et ses collègues de la réserve

faisaient de leur mieux pour les arrêter, mais les chasseurs semblaient insaisissables.

« Si j'étais le patron, se disait Akimbo, je les attraperais et je leur donnerais une bonne leçon. Si personne ne les arrête, moi, je vais m'occuper d'eux ! »

Et il réfléchissait à tout cela. Ce n'était vraiment pas juste que des chasseurs malhonnêtes puissent massacrer les animaux en toute impunité. Peut-être y avait-il tout de même quelque chose à faire pour les arrêter ?

– D'où ils viennent, ces braconniers ? demanda-t-il un soir à son père.

– D'un peu partout, répondit son père en haussant les épaules. Il y en a une bande, dans le village voisin. Nous n'avons jamais pu en avoir la preuve, mais nous les soupçonnons depuis longtemps.

– Qu'est-ce qu'ils font des défenses ?

– Ils les cachent, fit son père avec un soupir. Ensuite, les marchands d'ivoire viennent de la ville pour les leur acheter, et ils transportent secrètement l'ivoire en ville. C'est là qu'il est sculpté et transformé en bijoux ou en bibelots.

– Et tu n'as jamais réussi à attraper un seul d'entre eux ?

– Si, bien sûr. Quand cela arrive, nous les remettons entre les mains de la police. Mais ce sont des chasseurs très expérimentés, et drôlement rusés, avec ça !

Akimbo se détourna.

– Moi aussi, je peux être rusé, quand je veux, marmonna-t-il entre ses dents. Et pour mon âge, j'ai déjà pas mal d'expérience !

– Qu'est-ce que tu dis ? demanda son père.

– Rien, rien ! répliqua le jeune garçon.

Mais sa décision était prise. À la seconde où il avait vu ce malheureux petit éléphant qui attendait vainement que sa mère se relève, Akimbo avait déclaré la guerre aux braconniers.

Il savait qu'il lui aurait été impossible d'arrêter des braconniers dans la réserve elle-même. Les gangs ne se déplaçaient que de nuit, et ils étaient armés. Ils frappaient vite et le plus discrètement possible, avant de s'évanouir dans la brousse. De temps à autre, les gardes retrouvaient leurs traces et les pourchassaient mais, le plus souvent, ils arrivaient trop tard. Les braconniers étaient déjà loin.

Akimbo avait imaginé différents plans d'action, mais aucun ne lui semblait satisfaisant. Puis il eut une idée : s'il ne pouvait les guetter nuit et jour dans la savane, pourquoi ne pas prendre les devants et les retrouver au village ? Ainsi, il pourrait peut-être rassembler les preuves qu'il lui fallait pour les faire arrêter…

Dans un coin du camp, se dressait une baraque qui servait d'entrepôt. Akimbo n'y était entré qu'une fois ou deux. Elle était toujours fermée à clé, et son père lui-même n'y pénétrait que rarement.

C'est là qu'étaient stockés les objets que les gardes confisquaient aux braconniers, quand ils parvenaient à les prendre la main dans le sac.

Ça n'était pas très joli à voir. Il y avait là des pièges faits de fil de fer barbelé, conçus pour se resserrer autour de la patte de l'animal qui passait dans le cercle d'acier, dissimulé sous des feuillages. Il y avait des carabines, des lances, des épieux et des cartouchières. Mais le plus triste, c'était les restes des animaux qui avaient été braconnés : leurs cornes, leurs peaux et les trophées les plus recherchés, les défenses d'éléphants.

C'était avant tout pour les visiteurs que l'on conservait ces objets. Pour pouvoir leur montrer les méfaits des braconniers. Mais on les gardait aussi dans l'espoir qu'ils puissent servir de pièces à conviction, pour confondre ceux qui auraient été pris. Hélas, cela n'arrivait que trop rarement ; de mois en mois, les défenses, les armes et les pièges s'entassaient sous une couche de poussière de plus en plus épaisse.

Une nuit, lorsque tout le monde fut endormi, Akimbo se glissa hors de chez lui et traversa le camp en direction de l'entrepôt. Il apercevait la masse sombre

du bungalow qui se découpait sur le ciel, au clair de lune. Il attendit quelques instants dans un coin sombre, le temps de s'assurer qu'il n'y avait personne, puis il courut sans bruit jusqu'à la porte de l'entrepôt.

Le lourd trousseau de clés de son père tirait sur sa poche – il avait glissé de celle de son père pendant que ses parents s'activaient autour des préparatifs du

dîner, ce soir-là. Akimbo s'était senti un peu coupable en le ramassant, mais il s'était dit que c'était pour une bonne cause et qu'il ne volerait rien pour lui-même.

À présent, il devait essayer toutes les clés une à une pour trouver celle qui ouvrait la porte de l'entrepôt. C'était un jeu de patience. Malgré les rayons de la lune, on n'y voyait pas grand-chose, et il avait du mal à distinguer les clés qu'il avait déjà éliminées de celles qu'il n'avait pas encore essayées.

Tout à coup, le trousseau lui échappa des mains et tomba, dans un grand fracas de ferraille. Akimbo retint son souffle, mais personne ne semblait s'être éveillé.

Enfin, il trouva la bonne clé et put ouvrir la porte. Lorsqu'il entra, il eut les narines assaillies par l'odeur familière des peaux racornies, qui lui rappelait celle de la viande avariée. Mais ce qu'il cherchait, ce n'était pas les peaux. Là-bas, dans un coin, il aperçut une petite défense d'éléphant que l'on avait grossièrement sciée en deux. Akimbo la prit et la soupesa. Puis, s'étant assuré qu'elle n'était pas trop lourde pour lui, il l'emporta. Il pensa à lui ôter son étiquette et, après avoir pris soin de bien refermer la porte, s'enfonça dans la nuit avec son butin, tout comme un braconnier qui s'enfuit en emportant son précieux chargement d'ivoire.

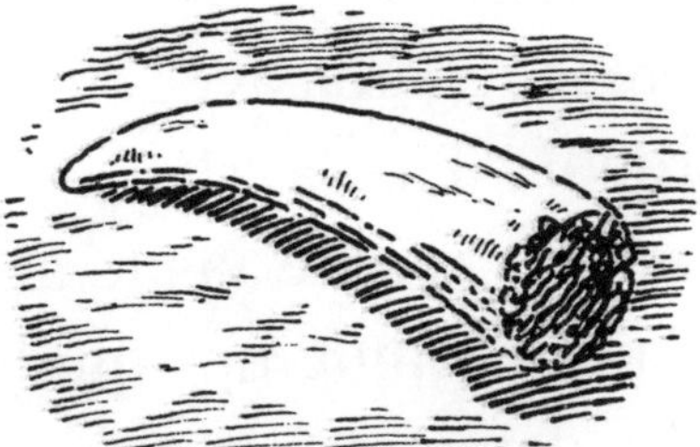

CHAPITRE 4

L'ennemi

– Aujourd'hui, je voudrais aller au village, annonça Akimbo à ses parents, le lendemain matin.

Son père le regarda avec surprise.

– Pourquoi ? Tu n'as rien à y faire.

– J'aimerais rendre visite à mon ami Mato. Ça fait longtemps que je ne l'ai pas vu. La dernière fois que je suis allé le voir, sa tante m'a invité à venir passer quelques jours chez eux.

Son père haussa les épaules, et consulta sa mère du regard.

– Vas-y, si ça te fait plaisir, dit-elle. Mais tu vas devoir t'y rendre à pied, et cela fait trois bonnes heures de marche. Surtout, obéis à la tante de Mato et ne fais rien qui puisse la déranger.

Là encore, Akimbo se sentit un peu coupable. Il détestait mentir, et surtout à ses parents. Mais s'il leur avait dévoilé son plan, ils auraient sûrement tout fait pour l'empêcher de le mettre à exécution – et en ce cas, qui aurait arrêté les braconniers ?

Comme lui avait dit sa mère, la marche fut longue et difficile. Chargé du lourd morceau d'ivoire qu'il portait dans un sac, sur l'épaule, Akimbo trouva le chemin encore plus fatigant qu'il ne l'avait craint. Il devait s'arrêter souvent, pour reprendre souffle. Il posait son sac à terre, le temps de laisser reposer ses muscles fatigués. Puis il remettait son sac sur son épaule et reprenait sa route, toujours à quelque distance du chemin principal, pour éviter de croiser d'autres voyageurs.

Il arriva enfin en vue du village. Au lieu d'y entrer directement, il commença par chercher une bonne cachette dans les broussailles, et finit par dénicher un vieux terrier abandonné par les termites. Il y enfourna son sac et dissimula le tout sous des branches et des feuilles mortes. La cachette idéale !

Puis il rejoignit le village et alla chez Mato. Son ami vivait avec sa tante, qui

était infirmière et dirigeait un petit dispensaire, à l'autre bout du village. Mato fut très surpris, mais très heureux, de voir arriver Akimbo. Il l'emmena dans la cuisine pour lui donner un gobelet d'eau.

– J'ai besoin de ton aide, Mato. Je suis à la recherche de quelqu'un qui voudrait m'acheter de l'ivoire.

Mato ouvrit de grands yeux.

– Mais… où est-ce que tu l'as eu ? balbutia-t-il. Tu ne l'as pas volé, j'espère ?

Akimbo secoua la tête puis, après avoir fait jurer le secret à son ami, il lui résuma son plan. Mato prit à peine le temps de réfléchir :

– Tu es fou ! lui dit-il. Ça ne marchera jamais ! Tu n'arriveras qu'à t'attirer de gros ennuis et tu n'obtiendras rien d'autre.

– Je suis prêt à prendre le risque, fit Akimbo en secouant la tête.

En se faisant un peu prier, Mato finit par lui donner le nom d'un homme du village qu'on soupçonnait de tremper dans des affaires louches.

– Si j'avais un objet volé que je voulais vendre, dit Mato, c'est lui que j'irais voir. Il s'appelle Matimba. Je vais t'expliquer où il habite. Mais ne compte pas sur moi pour t'y emmener ! Tu vas devoir y aller tout seul.

La première fois qu'Akimbo se rendit

à la maison de Matimba, le maître des lieux n'était pas chez lui. Mais lorsqu'il revint, une heure plus tard, on lui dit d'attendre près de la porte de derrière. Au bout d'une dizaine de minutes, la porte s'ouvrit et Akimbo en vit sortir un homme corpulent, qui portait une grande barbe.

– Oui ? fit l'homme d'une voix sèche et méfiante.

– Je voudrais vous parler, lui dit Akimbo aussi aimablement qu'il put.

– Eh bien, parle ! répliqua Matimba.

Akimbo jeta un coup d'œil par-dessus son épaule.

– Voilà... j'ai quelque chose à vendre. Et je me suis dit que ça pourrait vous intéresser.

– Toi, tu as quelque chose à vendre ? fit Matimba en éclatant de rire. À me vendre, à moi ?

Akimbo ignora ses moqueries.

– Oui, poursuivit-il. Et je vous l'ai apporté.

Lorsqu'il vit la pointe de la défense d'ivoire dépasser du sac d'Akimbo, Matimba perdit toute envie de rire.

– Entre, lui dit-il. Et prends ton sac avec toi.

À l'intérieur, Matimba le fit asseoir pendant qu'il examinait la défense. Il la mit sous la lumière pour la regarder de plus près, la flaira et la gratta légèrement du bout de l'ongle. Puis il la posa sur une table et fixa Akimbo droit dans les yeux.

– Comment t'es-tu procuré ça ? lui demanda-t-il.

– Je l'ai trouvée, dit Akimbo. J'en ai même trouvé tout un tas. Il y a aussi des cornes de rhinocéros.

À ces mots, les yeux de Matimba

s'étaient mis à scintiller. Les cornes de rhinocéros étaient très recherchées, sur le marché noir. Leur prix atteignait des sommes astronomiques. Si ce gamin en avait vraiment trouvé quelques-unes, se disait Matimba, peut-être pourrait-il le convaincre de les lui céder pour quelques sous…

– Où as-tu trouvé tout cela ?

– Dans un trou, près de la rivière. Elles ont dû être cachées là-bas par un braconnier qui s'est fait prendre et n'a pu revenir les chercher.

Matimba hocha la tête. Ça n'avait rien d'impossible. Ce petit naïf était tombé par hasard sur une véritable fortune. Matimba examina à nouveau le morceau d'ivoire. Il suffirait de lui donner un peu d'argent tout de suite et de lui en promettre davantage, s'il acceptait de montrer sa cachette.

– Tu as bien fait de venir m'en parler. Je vais t'acheter ce que tu as trouvé.

Akimbo prit son souffle. Le moment critique était arrivé…

– Je vous donne le tout, dit-il. Je ne veux pas d'argent en échange.

Matimba n'en croyait pas ses oreilles. Il regarda le jeune garçon de la tête aux pieds, se demandant s'il avait toute sa raison.

– Ce que je veux, reprit Akimbo, c'est apprendre à chasser les éléphants. Laissez-moi venir à la chasse avec un groupe de braconniers, pour apprendre, et je vous montrerai l'endroit où j'ai caché toutes ces cornes et ces défenses.

Matimba ne répondit pas tout de suite. Il gardait les yeux fixés sur Akimbo, comme s'il se demandait s'il pouvait lui faire confiance. Puis, l'appât du gain dut finir par l'emporter sur la prudence, car il accepta la proposition d'Akimbo. « Évidemment, se dit-il, tous les gamins ne rêvent que d'aller à la chasse... Et de partir clandestinement, en pleine nuit, quelle aventure ! Eh bien, qu'il apprenne à chasser, ce garçon, s'il y tient tant... ! »

– Tu n'as qu'à venir avec mes hommes, dit Matimba.

Akimbo se retint de sursauter. Matimba avait bien dit « mes hommes ». Il avait donc bel et bien démasqué le chef des braconniers – et jusqu'ici, son plan avait parfaitement fonctionné. Mais restait la phase suivante, la plus dangereuse...

CHAPITRE 5

La chasse

Matimba lui donna rendez-vous pour le lendemain soir. Les braconniers se chargeraient d'apporter les provisions. Il n'avait donc rien à prendre, mais devait prévoir de s'absenter deux ou trois jours.

– J'espère que tu tiendras le coup, fit Matimba d'un air dubitatif. Et j'espère surtout que tes parents ne vont pas venir te chercher !

Akimbo l'assura que non, mais

Matimba ne l'écoutait déjà plus. Il n'avait plus d'yeux que pour la pièce d'ivoire, qu'il astiquait avec un chiffon. Akimbo lança un dernier coup d'œil à la défense avant de quitter la pièce. Pourvu que personne ne remarque sa disparition, au camp ! Du moins pas avant quelques jours. Il allait devoir s'expliquer sur l'usage qu'il en avait fait, mais ce serait nettement plus facile, lorsque son plan aurait réussi. Et en cas d'échec, eh bien, il n'était pas spécialement pressé d'avouer à son père qu'il l'avait laissée en gage de bonne foi au chef d'un gang de braconniers !

Mato en était malade d'inquiétude. Ce soir-là, comme ils étaient allongés côte à côte sur leurs couchettes, il lui dit :

– Tu es vraiment cinglé, Akimbo. Retourne chez toi dès demain matin, et raconte tout à ton père !

Akimbo lui parla de sa rencontre avec l'éléphanteau orphelin.

– Tu crois que je vais rester là, à me tourner les pouces, jusqu'à ce que le dernier éléphant de notre pays ait été massacré ? Sûrement pas ! Il faut agir.

Lorsque Akimbo eut terminé son histoire, Mato garda le silence.

– D'accord. En ce cas, il ne me reste plus qu'à te souhaiter bonne chance.

– Merci, fit Akimbo.

Là-dessus, épuisé par sa longue journée de marche, il s'endormit, sans être gêné par les aboiements des chiens des alentours, ni par le chant des criquets. Mato, toujours inquiet, eut plus de mal à trouver le sommeil, mais il finit, lui aussi, par s'endormir.

La journée du lendemain parut interminable à Akimbo. Enfin, comme le soleil plongeait derrière les collines, notre ami se dit qu'il était temps d'aller à son rendez-vous avec Matimba. Il alla donc attendre les chasseurs. Akimbo arriva le premier devant la maison de

leur chef, mais, quelques minutes plus tard, il vit arriver plusieurs hommes qui le dévisagèrent d'un air méfiant et parlementèrent à voix basse avec Matimba. Après quoi, ils parurent accepter la présence d'Akimbo et s'y habituer.

Le groupe était constitué de cinq chasseurs, avec pour chef un boiteux, un petit costaud, qui aboyait ses ordres. Tous les autres lui obéissaient au doigt et à l'œil, sans poser de question. Au moment de partir, le chef des chasseurs dit à Akimbo de rester derrière lui et de marcher sans faire de bruit inutile.

– Suis-moi et n'ouvre pas la bouche. Fais exactement ce que je te dis, et tout se passera très bien – compris ?

Akimbo fit « oui » de la tête. Les autres étaient prêts. Ils quittèrent discrètement le village, traversant les hautes

herbes de la savane en direction des collines que l'on voyait s'élever à l'horizon. Derrière ces collines s'étendait la réserve, et encore plus loin commençaient les forêts, le royaume des éléphants.

Ils marchèrent toute la nuit. Akimbo était habitué aux longs trajets, mais les hommes allaient bien plus vite que lui. Il devait trottiner pour les rattraper, malgré la fatigue qui lui alourdissait les jambes, et sans écouter l'envie qu'il avait de s'allonger, quelque part dans les herbes, et de dormir jusqu'au lendemain.

Au lever du soleil, ils avaient déjà traversé une partie de la réserve. À présent qu'il faisait presque jour, les chasseurs se déplaçaient avec précaution. Ils restaient à couvert, en suivant un chemin qui traversait une végétation très dense. Akimbo n'en pouvait plus. Allaient-ils continuer à marcher ainsi toute la journée, comme ils l'avaient fait toute la nuit ? Ces gens ne dormaient donc jamais ?

Tout à coup, le chef fit un geste de la main et les autres s'arrêtèrent.

– On va camper ici, fit-il à mi-voix. Trouvez-vous des endroits pour dormir. On repartira à la nuit tombée.

Akimbo se coucha à l'abri d'un petit buisson d'épines. La terre était dure sous lui, mais il était si épuisé qu'il s'endormit plus vite que dans le lit le plus moelleux.

Fermant les yeux dans la lumière du matin, il se laissa gagner par le sommeil en quelques secondes.

Et il se réveilla au coucher du soleil, en sentant une main lui secouer l'épaule.

– Debout, c'est l'heure… murmura la voix d'un chasseur. On s'en va.

Akimbo s'assit. Il avait mal partout, après avoir dormi pendant toute la journée à même le sol. Il avait la gorge plus sèche qu'un parchemin. L'un des hommes lui tendit une bouteille d'eau et lui donna un gros morceau de viande séchée, qu'il avait ordre de manger en marchant. La viande était plus dure que ses semelles et presque impossible à mastiquer, mais Akimbo avait tellement faim qu'il la mangea sans se faire prier.

La nuit était presque tombée, lorsqu'ils repartirent. Mais ils avançaient nettement moins vite, à présent. Les broussailles étaient hautes et le sol rocailleux. Akimbo n'avait aucune idée de l'endroit où ils se trouvaient, mais ils devaient approcher du secteur où les chasseurs comptaient trouver des éléphants. Le matin même, quand ils s'étaient arrêtés pour dormir, Akimbo avait aperçu des forêts qui s'étendaient, au loin.

Sur leur passage, ils mirent en fuite plusieurs animaux sauvages. Une antilope surgit d'un trou, juste devant eux, avant de disparaître dans les buissons. Un peu plus tard, ils dérangèrent un autre gros animal qu'ils entendirent galoper dans les herbes d'alentour, pendant une partie de la nuit. Akimbo craignait que ce ne soit un rhinocéros, car il savait à quel point ces animaux peuvent être dangereux.

Ils s'arrêtèrent deux ou trois fois pour reprendre souffle. Le jeune garçon était nettement moins fatigué que la nuit précédente. Enfin, comme le jour allait se lever, tout le groupe fit halte. Ils entraient dans la forêt, à présent. D'un moment à l'autre, ils pouvaient voir des éléphants. « La vraie chasse a commencé », se dit Akimbo.

Le matin même, après seulement trois ou quatre heures de repos, les chasseurs se remirent en marche. Ils se déplaçaient lentement, entre les grands bouquets d'arbres qui poussaient dans la plaine. L'un des chasseurs, celui qui semblait le plus expérimenté, avait relevé les traces d'un groupe d'éléphants.

De temps à autre, il pointait l'index vers le sol et discutait quelque temps avec le chef qui lui répondait d'un hochement de tête.

Tout à coup, le traqueur s'arrêta net.

Le chef le rejoignit et s'accroupit près de lui, tandis qu'Akimbo et les autres, tapis dans les herbes, attendaient le signal du chef.

Les éléphants étaient là, à la lisière des arbres. La trompe relevée, ils étaient occupés à fouiller dans les branches, sans hâte. Ils cueillaient de grosses brassées de feuillage, tout en flânant. Le cœur d'Akimbo ne fit qu'un bond. Dans le troupeau, il avait repéré un grand mâle doté d'une magnifique paire de défenses, deux énormes sabres d'ivoire. C'était sans doute lui que les braconniers voulaient attaquer.

Tout à coup, deux des éléphants se retournèrent et leur firent face, tandis qu'une vague d'agitation se propageait dans le reste du troupeau. Les deux mâles dominants levèrent leurs trompes en secouant les oreilles vers les chasseurs, toujours cachés dans les broussailles. « Ils ont détecté notre présence, se dit Akimbo. Ils sont sur leurs gardes. Et s'ils se sentent en danger, ils vont charger. »

Le chef des chasseurs fit signe à l'un des hommes, qui accourut pour lui apporter un fusil. Ce mouvement brusque dut alerter le grand éléphant, car il s'élança soudain en avant, en poussant un barrissement. Derrière lui, le reste du troupeau était allé s'abriter sous les arbres.

C'était la première fois qu'Akimbo voyait un éléphant charger, et il fut saisi par la rapidité et la puissance de ses mouvements. Pendant quelques secondes, il

resta cloué sur place, à la fois terrifié et fasciné par la masse de muscles qui arrivait sur eux. Puis, sans raison apparente, l'éléphant s'arrêta net, lui aussi, les oreilles déployées et le corps frémissant. Ses pieds soulevaient un nuage de poussière. Tout aussi soudainement, il fit demi-tour et rejoignit le troupeau.

Pendant ce temps, le chef des chasseurs avait armé la carabine. Mais le temps qu'il l'épaule, les éléphants avaient disparu dans les fourrés. Akimbo souffla un grand coup. Il s'en était fallu de peu !

Les chasseurs étaient sains et saufs, ainsi que les éléphants – du moins pour le moment.

CHAPITRE 6

Akimbo s'échappe

Le chef était furieux. Rassemblant ses hommes autour de lui, il les rappela à l'ordre, le doigt pointé sur la lisière de la forêt, à l'endroit où le troupeau avait disparu. À présent, les éléphants avaient senti le danger. Ils allaient s'enfuir au grand galop, et il serait difficile de les rattraper.

Pendant une minute ou deux, le chef parut hésiter, puis il prit sa décision :

– Nous allons tout de même tenter de les suivre. Je veux ces défenses. Il me les faut !

– Mais ils sont partis vers l'ouest, chef ! lui fit remarquer l'un des hommes. De ce côté-là, c'est trop dangereux. On risque de tomber sur des rangers. Ils pourraient bien…

Mais le chef lui coupa la parole :

– J'ai dit qu'il me fallait ces défenses ! aboya-t-il. Tu peux rentrer au village, si tu as peur.

– Je n'ai pas peur, chef ! fit l'homme en baissant les yeux.

Akimbo n'en perdait pas une miette. Ils allaient prendre la direction de l'ouest ! C'était une très bonne nouvelle : ils se rapprocheraient du camp des rangers, et donc de chez lui. Cela ne pouvait que favoriser ses plans.

Le traqueur avait pris la tête et gardait les yeux fixés au sol. Marchant en file indienne, les braconniers se frayaient un chemin dans les buissons et les hautes herbes. La piste d'un groupe d'éléphants est plus facile à suivre que celle de tout autre animal, car ces montagnes de muscles écrasent tout sur leur passage. Mais cela exige tout de même beaucoup d'attention, de la part du traqueur.

En fin d'après-midi, ils n'avaient toujours pas rattrapé les éléphants. Akimbo commençait à se demander ce qu'ils allaient faire à la tombée de la nuit. Dans le noir, il deviendrait impossible de les suivre à la trace, et ce serait aussi très dangereux, car les chasseurs risquaient de se retrouver soudain au beau milieu du troupeau. En ce cas, leurs chances de survie seraient très minces.

Lorsqu'il fit trop sombre pour

continuer à avancer, le chef ordonna une halte. Fatigués, assoiffés et à bout de nerfs, les hommes n'étaient pas mécontents de se reposer un peu.

– Nous passerons la nuit ici, dit le chef. Demain, dès le petit jour, on continuera.

– Nous sommes beaucoup trop près du camp des rangers, fit l'un des chasseurs. On n'en est plus qu'à une ou deux heures de marche, dans cette direction !

Akimbo avait bien regardé la direction qu'indiquait l'homme. Sans même attendre la réponse du chef, il alla se coucher, roulé en boule sous un buisson, comme s'il se préparait à dormir. Les autres en firent autant, dissimulés eux aussi sous des buissons ou des bran-

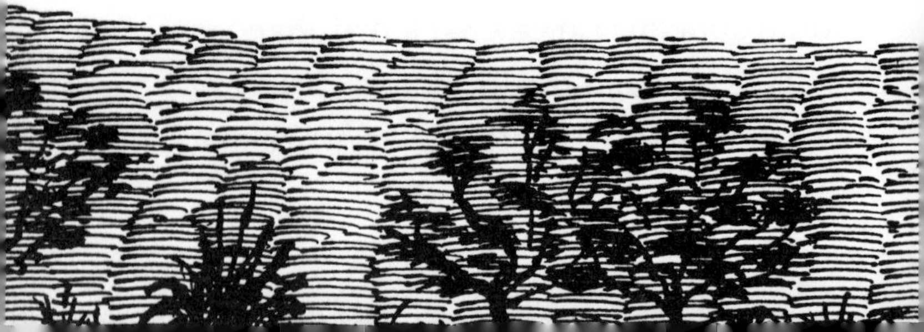

chages. Quelqu'un qui serait passé à cet endroit par hasard n'aurait pu savoir qu'il y avait là cinq hommes et un jeune garçon dormant à poings fermés.

Les hommes, du moins. Car le garçon, lui, restait bien éveillé. Malgré la fatigue qui lui crispait les muscles, Akimbo résista aux assauts du sommeil et se força à rester concentré sur ce qu'il avait à faire. Au bout de quelque temps, lorsqu'il fut bien certain que tous les autres s'étaient endormis, il quitta discrètement sa cachette.

Personne n'avait bougé. Il n'y eut aucun bruit derrière lui, lorsqu'il prit la direction du camp.

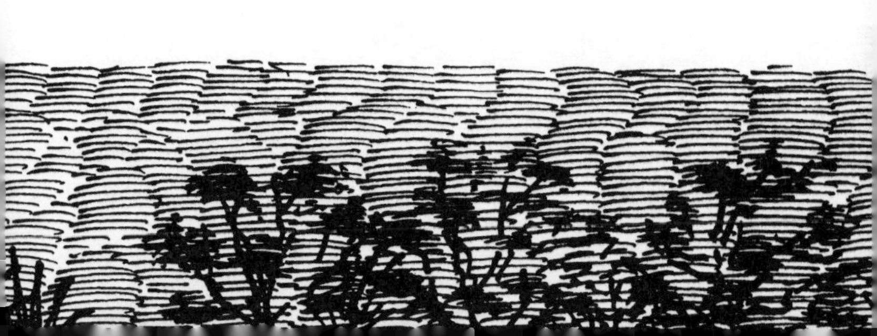

« J'espère qu'il ne s'est pas trompé, tout à l'heure, se dit Akimbo. Car si jamais je partais dans une mauvaise direction… » Mais il se hâta de chasser cette idée de son esprit. Il savait exactement ce qu'il devait faire ; il concentra toute son énergie sur sa mission.

Cette marche nocturne dans la savane était plus inquiétante que tout ce qu'il aurait pu imaginer. De gros nuages

cachaient la lune et, dans la nuit noire, Akimbo ne distinguait autour de lui que de grandes masses sombres – des arbres, des fourrés, des rochers. Il tenta de prendre des repères dans le paysage, pour ne pas s'écarter de la bonne direction, mais dans l'obscurité, c'était presque impossible. Tel arbre ou tel rocher, grâce auquel il espérait pouvoir se diriger, se perdait soudain dans la pénombre, ou lui semblait totalement différent lorsqu'il s'en approchait. Il aurait aussi bien pu décrire une vaste boucle, sans même s'en rendre compte !

« Si je tourne en rond, se dit-il, je vais finir par revenir à mon point de départ ; et là, je risque de tomber sur les chasseurs… »

Au bout d'une quinzaine de minutes, heureusement, les nuages s'écartèrent et la lune se mit à briller. Akimbo pouvait à présent se repérer aux silhouettes qu'il apercevait au loin. Il pouvait aussi marcher deux fois plus vite, car il voyait où il mettait les pieds et n'avait plus à craindre de tomber tout à coup dans un trou, ou du haut d'une falaise.

Il se mit à courir. Ses jambes fatiguées lui semblaient de plomb, mais il trouva en lui la force de continuer. De temps à autre, il s'écorchait en passant dans les épines ou dans les buissons, mais ça n'était pas bien grave. Ce qu'il voulait par-dessus tout, c'était rejoindre le camp. Là-bas, il serait en sécurité.

Tout à coup il s'arrêta, le cœur battant. Un frisson de frayeur le parcourut. Est-ce qu'il avait rêvé... ? Mais non. Cette fois, il avait bien entendu. C'était un rugissement. Le fauve n'était pas tout proche, mais c'était bien un lion !

Akimbo regarda autour de lui, pris de panique. De toutes parts, il ne voyait que les mêmes ombres, les mêmes silhouettes noires de la savane. Les lions pouvaient se cacher n'importe où. Ils auraient même pu être là, tout près de lui, prêts à bondir…

Mais notre ami secoua la tête. Pas question de renoncer si près du but ! Il n'allait pas grimper au premier arbre venu pour s'y cacher. Il devait à tout prix continuer à marcher, pour rentrer chez lui.

■■■ CHAPITRE 7 ■

La charge du rhinocéros

Akimbo se faufilait prestement dans les épaisses broussailles. Il était presque impossible de ne faire aucun bruit, surtout s'il voulait aller vite. Or, il n'avait pas une minute à perdre. Plus il ralentissait, et plus il devenait une proie facile.

De temps à autre, il s'arrêtait et dressait l'oreille. La nuit africaine vibre en permanence du chant des insectes, un bourdonnement strident qui ne s'interrompt jamais. Ce son était partout autour de lui : devant, derrière, au-dessus de lui. Il était difficile d'y distinguer tout autre bruit. Et pourtant, Akimbo entendait quelque chose. Un son radicalement différent.

Il retint son souffle. Pendant quelques secondes, il fut tenté d'appeler au secours, dans l'espoir que quelqu'un l'entendrait. Mais il n'y avait personne à des kilomètres à la ronde, et crier ne pouvait que le mettre en danger. Il pivota lentement sur lui-même. D'où venait-il, ce bruissement ? De derrière ?

Silence… Akimbo fit quelques pas et s'arrêta à nouveau. Cette fois, il était sûr d'avoir entendu quelque chose.

Quelque chose qui le suivait. Ça devait être un lion, ou même un léopard.

À l'idée qu'un grand fauve aurait pu être sur ses traces, il fut pris de panique et chercha un arbre à proximité. Il y en avait un, à quelques mètres, dans la pénombre. « Je vais y grimper, se dit-il. Il n'est pas très haut, mais au moins j'y serai en sécurité. »

Sur la pointe des pieds, il s'approcha de l'arbre et empoigna les premières branches. Il tremblait de tous ses membres, mais il trouva tout de même la force de se hisser dans les branches. Et puis, juste comme il commençait à grimper, il y eut un grand fracas derrière lui. La peur lui fit lâcher prise et il retomba à terre, recroquevillé, le souffle coupé.

Le vacarme se rapprochait, tout comme le gros animal qui galopait dans sa direction, à travers les broussailles. Akimbo tenta de se remettre sur pied, mais il avait les jambes en coton. Il était paralysé par l'angoisse.

Le rhinocéros arrivait sur lui à fond de train. Lorsqu'il parvint à discerner sa masse sombre, ce n'était encore qu'une tache floue qui se rapprochait, se ruait sur lui... et puis, à peine quelques secondes plus tard, l'animal passa tout près de lui, avant de disparaître au-delà des arbres.

Akimbo n'osait plus bouger. Le bruit de cavalcade s'éloigna, s'amenuisa et finit lui aussi par disparaître. Une minute après, on n'entendait plus que le chant des insectes. Il parvint à se relever et, à sa grande surprise, il constata qu'à part quelques écorchures, il n'avait rien du tout. Le rhinocéros l'avait presque frôlé, mais il l'avait épargné !

Il se remit en marche, la tête encore bourdonnante, bouleversé d'avoir échappé de si peu à l'accident. Sans doute avait-il lui-même suivi le rhinocéros pendant un certain temps, avant que l'animal ne s'aperçoive de sa présence. Et ils avaient dû être aussi surpris l'un que l'autre. Quand le gros rhinocéros avait fini par l'apercevoir, il avait chargé. Mais en fait, il n'avait jamais eu d'autre intention que de prendre la fuite.

Revenu de ses frayeurs, Akimbo se sentit soudain plus léger. Il avait survécu à une longue journée de marche avec les braconniers, puis à la charge d'un rhinocéros. Il se sentait très fort, et tout à fait capable de rejoindre sa maison.

Des heures qui devaient suivre, Akimbo ne garderait que peu de souvenirs. Il marchait le plus vite et le plus droit possible. Il sifflota pendant une partie du trajet pour se donner du courage et, à un moment, se prit les pieds dans un gros caillou qu'il n'avait pas vu, dans l'herbe. Enfin arriva le moment tant attendu, celui où il aperçut des lumières à l'horizon – mais elles étaient sur sa gauche, presque masquées derrière un bouquet d'arbres... Absolument pas dans la direction où il s'attendait à les voir ! Et pourtant, ça ne pouvait être qu'elles. Les lumières du camp.

Ses parents dormaient lorsqu'il poussa la porte de chez lui.

Son père se réveilla en l'entendant entrer, et sortit de sa chambre juste à temps pour voir son fils franchir le seuil d'un pas chancelant.

– Akimbo ! Qu'est-ce que tu fais ici ?

Akimbo prit le temps de retrouver son souffle. Puis, dès qu'il fut capable de parler, il s'écria d'une voix haletante :

– Il y a une bande de braconniers – dans la réserve… ! Ils poursuivent – les éléphants…

– Comment tu sais tout ça ?

Akimbo lui raconta son histoire. Son père n'en croyait pas ses oreilles…

– Qu'est-ce qui t'a poussé à faire une chose pareille ? lui demanda-t-il enfin, à la fois stupéfait et furieux.

Mais Akimbo laissa sa question sans réponse.

– Écoute, papa… il faut que tu me croies. Ils sont là-bas. Je sais où ils sont et je peux t'y emmener !

Son père réfléchit. Il ne semblait pas tout à fait convaincu. Puis il dit à Akimbo de l'attendre à la maison pendant qu'il allait prévenir son chef. C'était à lui de décider de ce qu'il fallait faire.

Le chef du camp écouta attentivement l'histoire d'Akimbo. Mais lorsque notre ami lui raconta comment il avait pris l'ivoire dans la réserve, il se mit en colère :

– Tu n'aurais jamais dû faire une chose pareille, Akimbo ! s'écria-t-il, sourcils froncés. Tu sais que c'est du vol !

– Mais c'était pour faire quelque chose d'utile. Je ne voulais pas que les braconniers continuent à tuer les éléphants sans être punis.

– Ça n'est pas ton travail, répondit le chef. Ce n'est pas à toi de les arrêter.

Akimbo baissa la tête. Il aurait été tellement injuste que ces braconniers malhonnêtes et cruels puissent continuer à massacrer les éléphants sans que personne ne parvienne à les arrêter ! Et en plus, lorsque quelqu'un essayait d'agir contre eux, c'était lui qui se retrouvait en mauvaise posture… Akimbo jeta un coup d'œil vers son père comme pour l'appeler au secours.

– Attendez, il ne vous a pas tout dit, fit son père. Je crois que nous devrions l'écouter jusqu'au bout.

Le chef hocha la tête, les sourcils toujours froncés ; mais quand Akimbo lui décrivit son rendez-vous avec Matimba, il retrouva le sourire. Enfin, il tenait une preuve contre cet homme qu'il soupçonnait depuis si longtemps.

Et lorsque Akimbo acheva son récit, le chef des rangers se leva en se frottant les mains.

Akimbo attendait tout de même la suite avec appréhension...

– Merci Akimbo ! Et surtout bravo ! fit le chef.

Ces quelques mots avaient suffi à le rassurer. À présent, tout allait bien se passer, à condition qu'on parvienne à rattraper les braconniers – parce que sinon, c'était forcément sur lui, Akimbo, que retomberait le blâme.

Le chef donna l'ordre de réveiller tous les rangers. Ils avaient une heure pour se préparer à sortir en brousse. Et ils se rendraient sur les lieux à pied, précisa le chef, pour ne pas alerter les braconniers.

– Et toi ? demanda-t-il à Akimbo. Tu

crois que tu auras encore la force de marcher ? Tu dois commencer à être fatigué, non ?

Akimbo déglutit péniblement. Il n'était pas sûr de pouvoir faire un pas de plus et la vue de son petit matelas et de son oreiller, dans un coin de la pièce, était une tentation presque irrésistible. Mais il avait commencé un travail et il voulait le terminer, même s'il devait s'écrouler de fatigue quand il en aurait fini.

– Je suis en pleine forme ! répondit-il d'un ton enjoué. Je peux y retourner !

Un groupe de dix gardes quitta le camp. Ils étaient tous armés et équipés pour une longue marche. Akimbo se mit en route aux côtés du chef, juste devant son père, qui l'encourageait à mi-voix chaque fois que ses jambes menaçaient de se dérober sous lui.

Il se souvenait bien de la direction qu'il avait prise pour venir. Il lui semblait reconnaître certains détails du paysage. Le sommet de cette colline noire qui se profilait sur le ciel nocturne, et puis ce bouquet d'arbres... Mais dans la pénombre, tout se confondait. Il savait qu'il était très facile de se tromper et de se perdre.

Ils firent halte juste avant l'aube, tandis que l'horizon s'embrasait et que le soleil repeignait les collines d'alentour d'un rouge flamboyant. Akimbo regarda autour de lui, perplexe.

– Est-ce que tu reconnais quelque chose ? lui demanda le chef à voix basse. Cette forêt, là-bas ? Cette colline… ?

Akimbo secoua la tête.

– Tout me semble tellement différent… La brousse paraît beaucoup plus grande, la nuit.

– Ne t'inquiète pas, fit le chef en hochant la tête. On va continuer d'avancer, tout doucement. Si tu vois quelque chose qui te semble familier, tu me donnes une tape sur le bras. Surtout, n'élève pas la voix.

Pas à pas, ils poursuivirent leur chemin dans les fourrés. Tous s'efforçaient d'avancer le plus discrètement possible, mais ils ne pouvaient pas toujours éviter les brindilles qui craquaient sous leurs pieds ni les branches qui revenaient en fouettant l'air, lorsqu'on les pliait au passage. L'un des gardes toussa une fois ou deux, malgré tous les efforts qu'il faisait pour s'en empêcher.

Akimbo commençait à se demander s'ils n'étaient pas perdus. Devait-il le dire tout de suite au chef, pour ne pas faire perdre son temps à toute la troupe ? Il ouvrait la bouche pour l'avertir, lorsqu'il le vit.

Un grand cactus se dressait tout près de l'endroit où il s'était couché la veille, en faisant semblant de dormir. Et ce cactus était là, juste devant lui. Ça ne pouvait pas en être un autre : Akimbo avait reconnu cette branche qui s'en était détachée, et qui pendait au lieu de se dresser vers le ciel.

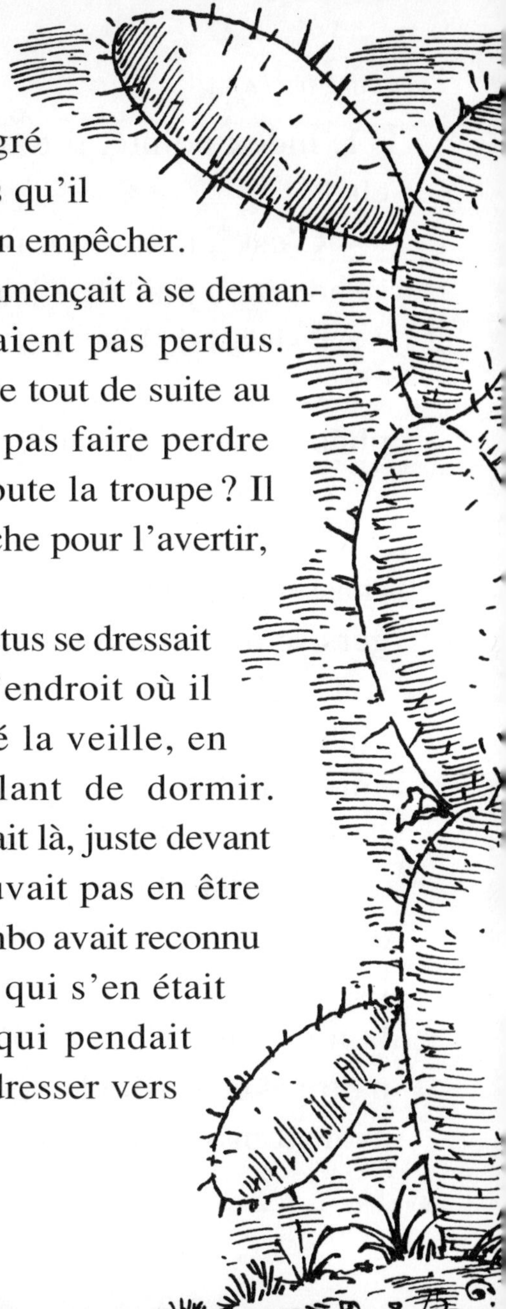

L'index pointé, il toucha le bras du chef.

– C'est ici, murmura-t-il. C'est bien l'endroit où j'ai laissé les braconniers.

Au signal de leur chef, tous les gardes s'accroupirent dans les hautes herbes et, pliés en deux, s'avancèrent prestement vers le cactus.

Mais il n'y avait plus personne. Les chasseurs avaient pris le large. Les rangers se mirent à fouiller sous les buissons. L'un d'eux retrouva une gourde vide qu'il montra à ses camarades. Un autre dénicha quelques allumettes à demi consumées et les apporta au chef.

À son tour, le traqueur le plus habile du groupe se promena de long en large à l'endroit où les chasseurs avaient passé la nuit, jusqu'à ce qu'il puisse reconnaître avec certitude la direction qu'ils avaient prise. Puis, tout comme l'avait fait la veille le traqueur des braconniers, il partit dans cette direction, se repérant aux traces qu'il retrouvait sur le sol. Il s'arrêtait çà et là pour regarder de plus près l'empreinte d'une semelle ou une touffe d'herbe écrasée au passage par une chaussure.

– Ils ne sont pas très loin, annonça-t-il au chef. Et les éléphants non plus !

CHAPITRE 8

Le sauvetage des éléphants

Tandis qu'ils remontaient en toute hâte la piste des braconniers, Akimbo se demandait avec angoisse s'ils n'arriveraient pas trop tard. Les braconniers finiraient bien par rattraper la horde des éléphants et, en ce cas, la vie du grand mâle qui portait ces magnifiques défenses serait menacée. Le plus grave, pour Akimbo, ce n'était pas que les braconniers parviennent à prendre la fuite

– même s'il préférait qu'ils soient arrêtés et mis hors d'état de nuire. Non, l'essentiel, c'était de sauver le bel éléphant.

Et les rangers avançaient si lentement !

– On ne pourrait pas accélérer un peu ? demanda le jeune garçon à son père. Si on ne se dépêche pas, ils auront déjà pris les défenses avant que nous n'ayons eu le temps d'intervenir !

Le père d'Akimbo lui tapota l'épaule.

– Si nous allons trop vite, nous risquons de perdre leur trace. Un bon traqueur doit prendre son temps.

Ils continuèrent donc d'avancer, pas à pas, jusqu'à ce que le traqueur lève la main. Tout le monde s'arrêta net.

Le chef avait rejoint le traqueur sur la pointe des pieds.

– Qu'y a-t-il ?

Du doigt, le traqueur lui montra le sol.

– Ils doivent avoir tout au plus dix

minutes d'avance sur nous, dit-il. Regardez, chef…

La trace d'une semelle s'était imprimée dans le sable meuble. Elle était encore nette, et donc toute fraîche. Elle n'avait pu être faite que depuis quelques minutes.

Le chef fit signe à ses hommes d'avancer prudemment. Ils ralentirent encore, ne marchant plus qu'à pas comptés et évitant le moindre caillou ou la moindre branche qui aurait pu trahir leur présence.

Ils étaient arrivés au pied d'une pente abrupte. Devant eux se dressaient les flancs d'une colline et, derrière, le terrain descendait en pente douce jusqu'à la plaine.

Et à une centaine de mètres, à la lisière d'un grand bosquet, Akimbo vit les éléphants. Ils paissaient tranquillement, la trompe levée vers les hautes branches. Leurs oreilles s'agitaient lentement,

pour éloigner les mouches. Il y avait plusieurs mères avec leurs petits et là-bas, fermant la marche comme pour mieux protéger le groupe, Akimbo reconnut le grand éléphant mâle, avec ses énormes défenses blanches.

Cette rencontre avec les éléphants eut pour effet de distraire les rangers de leur traque. Ils ne s'attendaient pas à les voir si vite, et encore moins à trouver les braconniers si près d'eux. Car les chasseurs étaient là, eux aussi, tapis à quarante ou cinquante mètres du troupeau.

Du premier coup d'œil, Akimbo comprit ce qui se préparait. Le chef des braconniers s'était à demi dressé et avait déjà épaulé sa carabine, prêt à faire feu. Il n'attendait plus que l'occasion d'abattre sa proie et de l'envoyer rouler à terre.

Les secondes s'égrenaient. Akimbo

regarda autour de lui. Aucun des gardes ne semblait décidé à passer à l'action. C'était à se demander s'ils avaient bien vu le chef des braconniers épauler son fusil ! Eh bien, s'ils ne l'avaient pas vu, il ne lui restait plus qu'une chose à faire…

Jusque-là, notre ami était resté accroupi dans les herbes. Il sauta tout à coup sur ses pieds et, criant à tue-tête, il s'élança au grand galop vers les éléphants. À peine entendit-il les exclamations horrifiées de son père, dans son dos. Il courait de toute la vitesse de ses jambes, en agitant les bras. Droit sur le troupeau.

Les éléphants parurent pris de panique. Les jeunes avaient déjà rejoint les mères qui se dépêchèrent de les mettre à l'abri sous les arbres, tandis que le grand mâle cherchait la source du danger pour lui faire face. Lorsqu'il vit Akimbo, il agita les oreilles et releva sa trompe.

– Non ! criait le père d'Akimbo. Reviens ! Reviens tout de suite !

Les chasseurs avaient quitté leur cachette et, abasourdis, regardaient arriver le jeune garçon. Le chef abaissa le canon de sa carabine et se mit à regarder autour de lui, d'un air désemparé. Il n'y comprenait rien. Puis, en apercevant les rangers qui suivaient Akimbo, il poussa un cri d'effroi.

Le grand éléphant huma l'air, prêt à charger. Akimbo s'était jeté à plat ventre sous un petit buisson. L'éléphant avait perdu sa trace et il fouillait les herbes du regard, dans la direction d'où il l'avait vu venir. Il s'avança en barrissant.

Akimbo risqua un œil au-dessus de son buisson. Il voyait la masse du géant qui fonçait droit sur lui, sans être certain que l'éléphant pouvait le voir. Tout en ayant conscience du danger, il se sentait bizarrement très calme. Une chose que lui avait apprise son père lui revint en mémoire : « Le mieux, c'est de ne plus bouger… »

Et c'est ce qu'il fit. L'éléphant s'avança d'encore quelques pas, puis, ne voyant plus la source du danger, il fit demi-tour et rejoignit le troupeau dont il prit la tête. Comme les éléphants s'éloignaient, Akimbo se leva pour mieux les voir. Le grand mâle avait entrepris de faire presser l'allure au reste de la horde. Il poussait les retardataires en direction des arbres et balançait sa trompe pour encourager les autres à accélérer.

Akimbo retint son souffle. Il y avait dans le groupe plusieurs éléphanteaux, dont un qu'il lui semblait reconnaître.

Oui ! Cela ne faisait pas le moindre doute… C'était bien le petit orphelin, avec son oreille déchirée. Le troupeau l'avait donc retrouvé et recueilli. Son salut était assuré.

Les éléphants partis, les rangers réglèrent leur compte aux braconniers. Leur chef vit immédiatement qu'il n'avait pas l'avantage du nombre et se rendit presque sans résistance, imité par les quatre autres. Ils regardaient Akimbo d'un œil noir, mais notre ami ne s'en souciait pas. À présent, les braconniers étaient hors d'état de nuire.

Le père d'Akimbo était encore sous le coup de l'émotion. Sur le chemin du retour, c'est à peine s'il put parler à son fils. Enfin, d'une voix tremblante, il parvint à lui dire :

– Tu as eu une chance extraordinaire, mon garçon ! J'ai vu arriver le moment où l'éléphant serait sur toi, avant même que nous n'ayons pu faire un geste.

– Oui, là encore, je l'ai échappé belle. Mais je n'avais pas trouvé d'autre moyen de prévenir l'éléphant du danger.

– Ça n'était pas une raison pour prendre un tel risque ! Imagine que ce buisson n'ait pas été là.

– Mais il y était !

Le chef des rangers avait entendu leur conversation.

– Tu as été sacrément courageux, Akimbo. Sans toi, l'éléphant serait mort.

De retour au camp, les rangers appelèrent la police qui vint arrêter les braconniers. Le chef des rangers raconta tout aux policiers. Il était désormais d'excellente humeur. Il se réjouissait de savoir que Matimba allait payer pour ses méfaits. Il passerait quelque temps sous les verrous, et la police allait mettre fin à son cruel commerce.

Quant à Akimbo, il n'avait plus qu'une envie : regagner sa couchette, trop heureux de mettre au repos ses pauvres mollets endoloris. À peine sa tête eut-elle touché l'oreiller qu'il dormait déjà !

Il dormit jusqu'au lendemain matin, soit près de vingt heures d'affilée et, au cours de cette longue nuit, les éléphants vinrent lui rendre visite. Il rêva qu'il était dans la savane et regardait passer le grand éléphant, avec ses belles défenses. Il s'avançait lentement dans l'herbe dorée qui ondulait sous le vent.

Et après avoir dépassé Akimbo, l'éléphant se retourna vers lui et le contempla longuement, mais cette fois il n'avait pas la moindre intention de le charger. Non, il se contenta de lever sa trompe pour saluer son ami. À son tour, Akimbo lui fit signe de la main et suivit des yeux le géant de la savane qui s'éloignait, de son pas majestueux.

TABLE DES MATIÈRES

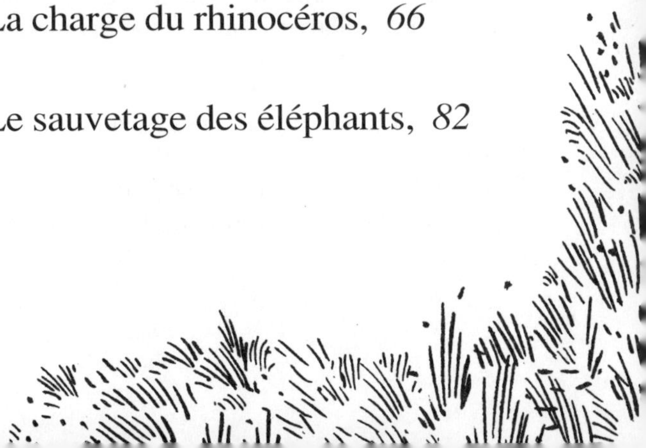

Alexander McCall Smith est né en 1948 au Zimbabwe où il a passé une partie de sa vie. Professeur de droit appliqué à la médecine, il a enseigné en Afrique, aux États-Unis, en Italie et jusqu'en 2004 à l'université d'Édimbourg où il vit actuellement. Il a fait partie de plusieurs comités d'éthique et de bioéthique, notamment pour l'UNESCO. Il commence à trente-deux ans une carrière d'écrivain en publiant un livre pour enfants, *Le meilleur hamburger du monde* (Castor Poche), qui lui vaudra un grand succès. Depuis, il s'est largement fait connaître par ses séries policières : *Agence n°1 des dames détectives du Bostwana, Isabel Dalhousie,* présidente du Club des philosophes amateurs, *Les Chroniques d'Édimbourg.*
Bassoniste amateur à ses heures et cofondateur de « l'orchestre épouvantable », Alexander McCall Smith aime aussi beaucoup les voyages.

Peter Bailey est né en Inde à Nagpur, la « Cité du Serpent » et il a passé son enfance à Londres. Après avoir suivi des études d'art à l'université de Brighton, il a entamé une carrière d'illustrateur ainsi qu'une collaboration avec de prestigieux auteurs pour enfants parmi lesquels Allan Ahlberg, Dick King-Smith, Michael Morpurgo ou encore Philip Pullman. Il a également illustré les œuvres de grands poètes, tel Dylan Thomas. Peter Bailey a par ailleurs enseigné pendant une vingtaine d'années à l'école d'art de Liverpool.